LAURICE ELOK

MARIAGE

LAURICE ELOK

MARIAGE

230 PRIÈRES EFFICACES POUR RÉSOUDRE LES PROBLÈMES CONJUGAUXET SÉCURISER VOTRE COUPLECONTRE LE MAL

Éditions Croix du Salut

Imprint
Any brand names and product names mentioned in this book are subject to trademark, brand or patent protection and are trademarks or registered trademarks of their respective holders. The use of brand names, product names, common names, trade names, product descriptions etc. even without a particular marking in this work is in no way to be construed to mean that such names may be regarded as unrestricted in respect of trademark and brand protection legislation and could thus be used by anyone.

Cover image: www.ingimage.com

Publisher:
Éditions Croix du Salut
is a trademark of
Dodo Books Indian Ocean Ltd. and OmniScriptum S.R.L publishing group

120 High Road, East Finchley, London, N2 9ED, United Kingdom
Str. Armeneasca 28/1, office 1, Chisinau MD-2012, Republic of Moldova, Europe
Printed at: see last page
ISBN: 978-620-6-16849-2

MARIAGE

(CONSEILS, ASTUCES, PRIERE, AMOUR ET PAIX)

230 PRIÈRES EFFICACES POUR RÉSOUDRE LES PROBLÈMES CONJUGAUX ET SÉCURISER VOTRE COUPLE CONTRE LE MAL.

Réveillez-Vous !

Les Puissants Sujets De Prières, Pour Atomiser Les Destructeurs De Couple Et Détruire Les Pouvoirs Maléfiques Qui Troublent Votre Mariage.

Marc 10 : 9 : Que l'homme donc ne sépare pas ce que Dieu a joint.

LAURICE ELOK

Mariage

Par LAURICE ELOK

ISBN : 978-620-6-16849-2

Contact :
- Tél : (+237) 678738942/655451966
- Email : lauriceelok@gmail.com

Réseaux Sociaux
- **Blogue :** eloklaurice.com | **Tweeter :** lllaurice
- **LinkedIn :**Laurice Elok | **Facebook :**Laurice Elok

Où acheter ce livre
- Librairie Chrétienne au Cameroun : +237 678738942/655451966
- AMAZON, si vous êtes en occident
- AFRICA VIVRE, si vous êtes en Afrique

Devenez un partenaire du Ministère :
- Composez-le (+237) 678738942/655451966 ou envoyez un mail à lauriceelok@gmail.com

Appel aux diffuseurs :
Si vous êtes intéressé par la distribution de ce guide de prière, appelez ou envoyer un SMS à ces numéros pour négociation. (+237) 678738942/ 655451966 ou lauriceelok@gmail.com

Pour vos commandes, appelez-le : +237 678738942/655451966

Vous pouvez acheter le livre en ligne sur : https://www.morebooks.de/shop-ui/shop/product/9786206168492 et www.amazon.com, ou via Whatsapp au (+237 678738942)
E-mail : lauriceelok@gmail.com

TABLE DE MATIÈRES

SECTION I

Est un ministère de prière et de littérature chrétienne, qui œuvre pour le réveil spirituel dans le monde, la délivrance et la restauration des vies.

Réveillez-Vous, met à votre disposition le guide de prière « **Mariage** ». Un programme de prière puissant, qui vous aidera à prier pour résoudre vos problèmes conjugaux, sécuriser votre couple contre le mal et détruire les forces des ténèbres qui troublent votre mariage.

Le réveil produit la délivrance, la délivrance produit la restauration et la restauration mène au progrès.

Dites-nous votre problème, et nous vous aiderons à trouver la solution avec Jésus-Christ le Miraculeux.

Vous pouvez également partager votre témoignage avec nous, pour nous dire ce que Dieu a fait dans votre vie via ce guide de prière atomique. Whatsapp **: +237 678738942** ou **reveillezvousmonde@gmail.com**

Pour vos commandes
Contactez : +237678738942/655451966

Vous pouvez acheter la version E-book et PDF en ligne sur : www.amazon.com, transférable également via Whatsapp au (+237 678738942) ou par email : lauriceelok@gmail.com

Facebook | LinkedIn : Laurice Elok

Présidente-Fondatrice
Laurice Elok

« Le réveil, pour le progrès

DÉDICACE

Je dédie ce livre au Seigneur Jésus-Christ, pour son nom qui est la solution à toutes formes de problèmes conjugaux.

REMERCIEMENTS

Je remercie le Dieu tout-puissant, pour la révélation, l'inspiration, l'audace, la santé et la force qu'il m'a donnée pour accomplir cette œuvre. Je lui dis également merci pour les finances qu'il a pourvues pour amener ce projet à l'existence.

PREFACE

Le livre « **Mariage** » a été écrit pour répondre spirituellement aux divers problèmes de couple et propose des solutions adaptées par le puissant nom de Jésus pour résoudre les crises conjugales et apporter la paix émotionnelle à ceux qui en ont besoin. Cet ouvrage est issu des expériences matrimoniales vécues par mes disciples et du résultat de mes conseils et services de prières effectués à leur endroit pendant ces moments de crise conjugale. Les sujets de prières de ce livre sont inspirés du Saint-Esprit et plusieurs couples en difficultés qui ont utilisé ces prières ont trouvé la restauration, l'harmonie et la paix conjugale. Vous pouvez vous servir de ce livre pour prier pour vos problèmes matrimoniaux et proposer aussi à ceux qui traversent des difficultés dans leurs couples.

BUT

Le but de ce livre est d'éveiller les consciences, proposer des solutions spirituelles aux personnes mariées qui traversent des difficultés conjugales. Apprendre aux personnes fiancées ainsi qu'à ceux qui sont déjà en couple, à prier pour sécuriser leurs mariages et période de fiançailles contre les jaloux, les sorciers, la méchanceté humaine et les attaques des forces des ténèbres.

SECTION II

COMMENT FAIRE POUR DEVENIR UN ENFANT DE DIEU

Il ne suffit pas d'aller à l'Eglise et de prier. Aller à l'Eglise chaque dimanche pour prier ne signifie pas que tu es un enfant de Dieu. Tu peux aller à l'église tous les jours, mais Dieu ne te connaît pas. ***« Si un homme ne naît de nouveau, il ne peut voir le royaume de Dieu »*** (Jean 3 : 3)

Les étapes suivantes t'aideront à savoir que faire pour naître de nouveau

1ere Étape : **Dieu t'aime et t'offre un plan merveilleux pour ta vie.** Jean 3 : 16 : ***« Car Dieu a tant aimé le monde qu'il a donné son Fils unique, afin que quiconque croit en lui ne périsse point, mais qu'il ait la vie éternelle*** ». Jean 10 : 10 : Jésus dit : ***« Moi, je suis venu afin que les brebis aient la vie, et qu'elles soient dans l'abondance.*** Cher ami, peu importe qui tu es et ce que tu as fait de mauvais dans ta vie, Dieu t'aime malgré tout et il veut te sauver. (Romain 5 : 8).

2eme Étape : **Tes péchés t'ont séparé de Dieu, c'est pourquoi tu ne jouis pas de ses bénédictions et n'expérimentes pas son plan merveilleux pour ta vie.** Romain 3 : 23 : ***« Car tous ont péché et sont privés de la gloire de Dieu »*** (Romain 6 : 23) ; ***« Car le salaire du péché, c'est la mort ; mais le don gratuit de Dieu, c'est la vie éternelle en Jésus-Christ notre Seigneur ».*** Toutes tes activités religieuses et tes efforts ne peuvent pas te sauver. Dieu a prévu une très bonne solution pour toi.

3eme Étape : **Jésus-Christ est le seul chemin qui mène à Dieu Jean** 14 : 6 : Jésus lui dit ***: « Je suis le chemin, la vérité, et la vie ». Nul ne vient au Père que par moi ».*** Jésus-Christ est le seul chemin qui mène à Dieu, il est le seul passeport qui mène au Paradis. Jésus est le seul sacrifice que Dieu puisse accepter pour tes péchés. Tu peux **recevoir** ses bénédictions et te connecter au plan de Dieu pour ta vie à travers lui.

4eme Étape : **tu dois recevoir Jésus-Christ comme ton Seigneur et Sauveur personnel.** C'est par lui que tu recevras les bénédictions de Dieu et expérimenteras le plan de Dieu pour ta vie. Reçoit Jésus-Christ par une invitation personnelle et par la foi. Apocalypse 3 : 20 ***« Si quelqu'un entend ma voix et ouvre la porte [Ton cœur], j'entrerai chez lui, je souperai chez lui, et lui avec moi. »*** Si tu es prêt à donner ta vie à Jésus-Christ maintenant, pour jouir de ces bénédictions et expérimenter le plan de Dieu pour ta vie, fait cette prière de tout ton cœur.

Cher Seigneur Jésus-Christ, j'ai entendu parler de toi, j'ai besoin de toi dans ma vie, je t'ouvre la porte de mon cœur maintenant et je te reçois comme Seigneur et unique Sauveur. Je suis un pêcheur et je reconnais avoir péché en pensée, en parole et en action. Pardonne tous mes péchés, et lave-moi de ton sang. Fait de moi un enfant de Dieu. Merci de m'avoir sauvé. AMEN !

Félicitations ! Tu es maintenant un enfant de Dieu.

Jésus-Christ t'a entendu et t'a pardonné.

Il est actuellement en train d'organiser une grande fête de joie au ciel pour te célébrer. *(Luc 15 : 7).* ***"De même, je vous le dis, il y aura plus de joie dans le ciel pour un seul pécheur qui se repent.***

Ecris-moi maintenant pour ton suivi au +237 678738942.

COMMENT CROITRE DANS TA NOUVELLE VIE

Après votre réconciliation avec Dieu, vous devez maintenant bâtir votre relation et votre intimité avec Lui. Pour cela, vous devez suivre les étapes suivantes qui vous aideront à vous connecter à lui et recevoir de lui.

LA SANCTIFICATION : l'une des choses qui nous permet d'avoir une intimité et une bonne relation avec Dieu est la sanctification. Pour plaire à Dieu, il faut fuir le péché et mener une vie de sainteté à laquelle Il nous appelle. Dieu aime le pécheur, mais n'aime pas le péché. Car le péché conduit à la mort. Après avoir demandé pardon à Dieu pour tous tes péchés, tu dois les abandonner totalement et commencer à mener une vie de sanctification comme il le préconise.

LA PRIERE : la prière est le moyen par lequel on parle à Dieu. Tu dois avoir une vie de prière et parler à Dieu chaque jour par la prière. Tu peux programmer tes heures de prière le matin, à midi et le soir. La prière nous rapproche de Dieu.

LA LECTURE BIBLIQUE : on se connecte à Dieu par la lecture de sa parole qui est la Bible. Pour connaître Dieu, il faut lire sa Parole. Dieu utilise sa parole pour nous parler, nous instruire, nous enseigner, nous corriger et nous révéler des choses secrètes. La connaissance, la sagesse et les réponses à tous nos problèmes se trouvent dans les saintes écritures.

LA MÉDITATION : après avoir lu la parole de Dieu, tu la médites et la mets en pratique pour que Dieu puisse demeurer en toi. Dieu est ami de celui qui garde ses paroles dans son cœur. C'est par la méditation que Dieu nous inspire et révèle beaucoup de choses secrètes.

LA COMMUNION FRATERNELLE : après avoir invité Jésus-Christ dans ta vie comme seigneur et sauveur, tu dois aller dans la maison de Dieu qui est l'Eglise pour communier avec les frères en

Christ, pour le louer, l'adorer, suivre ses enseignements et t'intégrer dans sa maison comme disciple de Jésus. On ne mûrit pas spirituellement en restant à la maison. L'Eglise est l'entreprise terrestre de Dieu où chacun reçoit une tâche spécifique pour le servir.

LA LITTÉRATURE CHRÉTIENNE : tu dois lire les bons livres chrétiens pour t'instruire et avoir la connaissance spirituelle.

LA LOUANGE ET L'ADORATION : pour bâtir ton intimité avec Dieu, tu dois l'adorer en esprit et en vérité à travers les cantiques. Dieu aime quand on lui chante des louanges et des chants d'adoration.

LA DIME ET L'OFFRANDE : pour bâtir une intimité avec Dieu, tu dois lui donner ton argent sous forme de dîme et d'offrande. Cette dime et cette offrande se donnent à l'église qui est la maison de Dieu. Quand Dieu te donne quelque chose, il veut juste que tu lui donnes en retour **10 centimes** de ce qu'il t'a donné pour lui prouver ton amour et ta gratitude envers lui. Lisez le livre de Malachie dans la Bible pour mieux comprendre cette **instruction divine.**

INSTRUCTION GÉNÉRALE

Avant de prier, vous devez vous rassurer d'être nés de nouveau. Si vous vivez encore dans le péché et l'iniquité, sachez que vous êtes sous la punition et la colère de Dieu. Le péché ferme les oreilles de Dieu face à la prière et met une barrière entre l'homme et Lui. Celui qui vit dans le péché est ennemi de Dieu et est lui-même son propre ennemi. Pour faire ces prières, il faudrait d'abord vous réconcilier avec Dieu par la prière de repentance à la [**SECTION II**] du livre avant de venir prier. Si non, votre prière n'aura aucun effet. Vous ne pouvez prétendre prendre part au pain des enfants de Dieu si vous vivez dans le péché. Dieu n'exauce pas les pécheurs.

INTRODUCTION

Définition du mariage : le mariage est une union contractuelle à durée indéterminée et illimitée entre deux personnes.

Dieu est l'auteur du mariage. Il a créé le mariage pour rendre l'homme heureux et parfait le bonheur de ses créatures. Le diable, de son côté, avec son esprit de jalousie, est aussi en action pour créer les difficultés, les problèmes dans les couples et les séparations. Des couples en difficulté, on en trouve plus de nos jours. Les difficultés de notre époque rendent de plus en plus compliquées les relations de couple. Il y'a des difficultés spirituelles ou physiques, mais ces difficultés peuvent toutefois être surmontées par la prière. La prière est le fondement le plus solide de toute entreprise humaine.

La prière est notre plus grand refuge. Quelques soient les difficultés que vous rencontrez dans la vie ou dans votre couple, réfugiez-vous dans la prière. C'est le meilleur moyen d'obtenir du réconfort et des solutions à vos problèmes. Le Seigneur est toujours présent pour nous dans les bons, comme dans les mauvais moments. Il sera toujours là pour vous, pour vous apporter son aide. Si votre couple est en difficulté, confiez-vous à lui. Sur ce, je vous propose les prières que vous pourrez faire si votre vie de couple va mal.

Veux-tu avoir un foyer heureux ? Invite Jésus-Christ dans ton couple et tu verras le miracle.

Chapitre 1

LES CAUSES DES PROBLEMES DANS LES COUPLES

Il y a plusieurs raisons qui sont à l'origine des problèmes conjugaux. Après un sondage chez plusieurs hommes et femmes, je me suis rendu compte que la plupart des problèmes dans les foyers sont parfois causés par les éléments mentionnés ci-dessous :

L'INFIDELITE : la plupart des couples traversent des difficultés conjugales à cause de l'infidélité. L'infidélité est un péché et Dieu punit les personnes infidèles. Toute personne qui pratique l'infidélité opère sous la malédiction divine. Si vous avez eu à pratiquer l'infidélité vis-à-vis de votre partenaire et que cet acte a créé les problèmes dans votre couple, il faudra vous repentir et revenir au bon sentiment pour que la paix et l'harmonie reviennent dans votre ménage.

L'IRRESPONSABILITE : la plupart des couples traversent des difficultés conjugales à cause de l'irresponsabilité. Un homme ou une femme qui n'assume pas sa responsabilité vis-à-vis de son conjoint le pousse à aller dehors. Le manque de responsabilité de l'homme dans un couple amène la femme à être insoumise, rebelle, infidèle et méprisante à l'endroit de son homme. Le manque de responsabilité de la femme dans un couple amène aussi le mari à être infidèle, dur et méprisant. Si vous avez eu à faire preuve d'irresponsabilité à l'endroit de votre partenaire et que cet acte a créé les problèmes dans votre couple, il faudra vous repentir et faire preuve de responsabilité pour que la paix et l'harmonie reviennent dans votre ménage.

LA COMPROMISSION : plusieurs couples sont en difficultés à cause des compromissions. Se compromettre signifie aller contre ses valeurs et ses principes. Il y a des hommes ou des femmes qui se compromettent en allant entrer dans des sectes pour avoir de l'argent, un bon poste ou un bon emploi, etc. à l'insu de son partenaire. De telles choses attirent les problèmes dans le foyer et créent des séparations. Si vous êtes entrée dans une loge et que cette compromission a créé les problèmes dans votre couple, il faudra sortir de là pour ramener la paix dans votre couple. Personne ne peut rester avec un conjoint qui le met en danger.

LA STERILITE : la plupart des couples traversent des difficultés conjugales à cause de la stérilité venant de l'homme ou de la femme. Certains hommes ne supportent pas les femmes stériles et certaines femmes également ne supportent pas les hommes stériles. Vous devez savoir que c'est Dieu qui donne les enfants. Si vous n'avez pas d'enfants dans votre couple, il faudra prier Dieu pour qu'il vous donne des enfants. Sur ce, si vous vous êtes séparé de votre partenaire parce qu'il ou elle n'accouche pas, il faudra vous réconcilier puis supplier Dieu de vous délivrer de la stérilité et de vous donner des enfants. Car Dieu est à l'écoute de tous ceux qui crient à Lui.

L'INSOUMISSION DE LA FEMME : la plupart des couples traversent des difficultés conjugales à cause de l'insoumission de la femme. Femme ! Si tu traverses des difficultés dans ton couple à cause de ton insoumission, il faudra revenir au bon sentiment et demander pardon à ton mari. Sache qu'aucun homme ne peut rester avec une femme insoumise. Homme, si votre femme est insoumise à cause de votre caractère, il faudra également changer et revenir au bon sentiment avec elle pour qu'elle vous soit soumise.

LE MANQUE DE DIALOGUE : la plupart des couples traversent des difficultés conjugales à cause du manque de dialogue. La communication est un facteur majeur pour le bien-être d'un foyer. Vous devez dialoguer pour exprimer vos ressentis et vos besoins. Vous devez dialoguer avec votre partenaire pour avoir de ses nouvelles et lui donner aussi les vôtres. Soyez ouverts l'un à l'autre. Si vous faites face à des problèmes conjugaux à cause du manque de dialogue, il faudra dialoguer avec votre partenaire pour ambiancer votre relation.

LA VIOLENCE : la plupart des couples traversent des difficultés conjugales à cause de la violence de l'homme à l'endroit de la femme. Plusieurs femmes font face à des violences conjugales dans le foyer, mais n'en parlent pas de peur d'être maltraitées de plus par leurs conjoints. D'autres ont fui le foyer pour sécuriser leur vie. Cher homme, sachez que la femme n'est pas un jouet. Vous devez aimer votre femme et faire preuve de douceur avec elle. Si votre couple est en difficulté à cause de votre violence à l'endroit de votre femme, il faudra lui demander pardon et cesser cet acte malveillant pour qu'elle revienne auprès de vous. Aucune femme ne peut rester auprès d'un homme violent.

LE CONTROLE FAMILIALE : la plupart des couples traversent des difficultés conjugales à cause de l'intrusion de la famille dans le couple. Il y a des belles-mères et beaux-pères qui aiment trop exercer le contrôle dans le foyer de leurs enfants. Cet acte n'est pas très catholique pour l'épanouissement du foyer des enfants. C'est normal pour un parent de lancer un coup d'œil dans le couple de son enfant pour voir s'il se porte bien avec son ou sa partenaire. Mais ça ne doit pas être exagéré. Certains couples ont des problèmes et finissent souvent par se séparer à cause du contrôle parental. Alors, si votre couple rencontre des difficultés dues à cette action, il faudra trouver une solution pour remédier à ce problème le plus tôt possible.

Chapitre 2

SAUVER VOTRE MARIAGE MAINTENANT AVEC JÉSUS-CHRIST ET LE BRAS FORT DE L'ÉTERNEL

« Mais au commencement de la création, Dieu fit l'homme et la femme ; c'est pourquoi l'homme quittera son père et sa mère, et s'attachera à sa femme, et les deux deviendront une seule chair. » Ainsi, ils ne sont plus deux, mais ils sont une seule chair. Que l'homme donc ne sépare pas ce que Dieu a joint. » **Marc 10 : 6-10**

Cher (e) ami (e) Votre mariage est-il en danger ? Votre mari a-t-il été envoûté par une autre femme qui l'amène à vous délaisser ? Votre femme a-t-elle été envoûtée par un autre homme qui l'amène à vous délaisser ? Quelle que soit la situation difficile que votre mariage traverse actuellement, sachez que Dieu peut intervenir avec puissance à travers ces prières atomiques et puissantes. Madame / Monsieur, Séchez vos larmes, et levez-vous, car votre Rédempteur est le Dieu Sauveur, il vous justifiera et vous redonnera la joie d'un mariage uni, délivré des œuvres des ténèbres, de la femme étrangère ou de l'homme étranger.

Je le répète encore et encore : essuyez vos larmes, car ce n'est plus le temps de pleurer, c'est le temps d'agir. Mais si vous êtes à la recherche d'une solution timide, alors ces prières pourraient vous choquer. Mais rappelez-vous que vous devez prendre les armes spirituelles pour mener la guerre dans les cieux et que le diable ne comprend pas le langage de la douceur. Pour mener ce combat, vous devez vous armer des prières atomiques, agressives et destructrices de mal. Parce que le diable n'est pas timide dans ses attaques. Votre mariage est attaqué, Voulez-vous le sauver ? Alors, revêtez-vous de votre armure de soldat pour mener la guerre dans la prière puissante !

Lorsque le malin vient troubler votre mariage, tournez-vous vers le Seigneur qui combattra pour vous lorsque vous ferez ces prières puissantes. Quelles que soient les manipulations occultes que cette rivale ou quiconque utilisera contre vous et votre mariage ! Quels que soient ses sombres pouvoirs ! Vous vaincrez ! Dieu vous offre ces prières à travers ce guide pour vous aider à actionner son pouvoir dans votre situation. Et l'Eternel Dieu El-Shaddai, vous donnera un témoignage merveilleux de victoire et vous le glorifierez avec des chants d'allégresse !

Quand vous priez, ne la tuez pas. Vous devez juste aborder cette femme avec ces prières efficaces pour reprendre votre mari dans ses bras. La puissance spirituelle de vos prières rétablira toutes choses dans votre mariage, car 2 Corinthiens 10 : 4-5, nous dit ceci : ***« Si nous marchons dans la chair, nous ne combattons pas selon la chair. » Car les armes avec lesquelles nous combattons ne sont pas charnelles ; mais elles sont puissantes, par la vertu de Dieu, pour renverser des forteresses. « Nous renversons les raisonnements et toute hauteur qui s'élève contre la connaissance de Dieu, et nous amenons toute pensée captive à l'obéissance de Christ. »***

En priant, faites des gestes prophétiques avec votre bras pour arracher votre mari entre les bras de cette femme étrangère.

Utilisez la puissance de Dieu et le nom de Jésus pour sauver, restaurer et sécuriser votre mariage. Vous pouvez associer le jeûne à votre prière. **(3jrs, 5jrs, 7jrs, 14jrs, 21jrs)** selon vos capacités

INSTRUCTION

- Repentez-vous de vos péchés,
- Pardonnez à toutes les personnes vous ayant offensées (si vous refusez de pardonner, il est inutile de prier, car Dieu ne vous exaucera pas).
- Réclamez le Sang de Jésus pour effacer vos transgressions et vous purifier l'esprit, l'âme et le corps. (1Jean 1 :7,9).
- Demandez au Saint-Esprit de vous remplir entièrement.

- Appliquez le Sang de Jésus sur vous, dans votre maison et son environnement.

- Libérez le feu du Saint-Esprit dans votre maison et son environnement.

- Barricadez votre maison et vous avec la muraille de feu du Saint-Esprit.

- 15 à 20 minutes de Louanges et d'Adoration au Seigneur.

LISEZ LES SAINTES ÉCRITURES

Genèse 2 :23-24 : Et l'homme dit : voici cette fois celle qui est os de mes os et chair de ma chair ! On l'appellera femme, parce qu'elle a été prise de l'homme. C'est pourquoi l'homme quittera son père et sa mère, et s'attachera à sa femme, et ils deviendront une seule chair.

Marc 10 :6-10 : Que l'homme donc ne sépare pas ce que Dieu a joint.

Que personne ne sépare ce que Dieu a uni

Commencez les prières efficaces à partir de minuit, l'heure du combat spirituel.

NB : vous devez insister sur chaque point de prière et le répéter avec ferveur plusieurs fois. Priez à partir de minuit pour arracher votre mari des mains de l'envoutement, parce que c'est à cette heure que la femme étrangère se lève pour faire les pratiques mystiques contre votre mari et votre mariage. Vous pouvez aussi prier en journée, mais la nuit est l'heure la plus indiquée pour mener ce combat.

LES PRIÈRES PUISSANTES POUR LES COUPLES EN DIFFICULTÉS, BRISÉS, BLESSÉS, DIVISÉS OU SÉPARÉS

Chapitre 3

PRIERE CONTRE LA FEMME ETRANGERE OU L'HOMME ETRANGER DANS VOTRE COUPLE

La lutte entre le diable et le diable ne mène à aucune victoire. Vous devez avoir une puissance supérieure en vous, comme celle de Jésus-Christ, pour vaincre la puissance de l'ennemi qui tourmente votre foyer et arracher votre mari à la femme étrangère qui l'a envoutée.

POINTS DE PRIERE

1. Seigneur, je te remercie pour ma vie et pour la vie de mon mari que tu m'as donné, au nom de Jésus. Amen !

2. Seigneur, merci pour les grâces du mariage, au nom de Jésus. Amen !

3. Seigneur, je te remercie pour la victoire que tu me donnes sur toutes les femmes étrangères qui troublent mon mariage, au nom de Jésus. Amen !

4. Seigneur, pardonne tous comportements et caractères de ma part, qui ont poussé mon mari dans les bras d'une autre femme, au nom de Jésus. Amen !

5. Que toutes relations extraconjugales entre mon mari et la femme étrangère se dégradent et meurent, au nom de Jésus. Amen !

6. Seigneur, expose tous les complots et les plans de la femme étrangère conçus contre moi, quelles que soient les sources, au nom de Jésus. Amen !

7. Que toutes les activités des femmes et hommes méchants qui créent le conflit entre moi et mon mari soient nulles et sans effet, au nom de Jésus. Amen !

8. Seigneur, supprime du cœur de mon mari/femme l'intention d'épouser une autre femme / homme, au nom de Jésus. Amen !

9. Que toutes femmes étrangères qui affligent mon mariage et moi soient paralysées, au nom de Jésus. Amen !

10. Je détruis toutes forces magnétiques et maléfiques utilisées par la femme étrangère pour affliger mon mariage et ma vie, au nom de Jésus. Amen !

11. Je lie tout esprit que la femme étrangère utilise contre ma maison, au nom de Jésus. Amen !

12. Je réduis à néant tous les sorts, les envoûtements et les enchantements de la femme étrangère dans la vie de mon mari, au nom de Jésus. Amen !

13. Je reprends tout le terrain que j'ai perdu à la femme étrange et à ses mauvais conseillers, au nom de Jésus. Amen !

14. Que toutes femmes étrangères inconnues qui attaquent mon mariage reçoivent l'attaque du Dieu vivant, au nom de Jésus. Amen !

15. J'arrache mon mari des bras des femmes étrangères, au nom de Jésus. Amen !

16. Je détruis tous les pouvoirs diaboliques qui manipulent mon mari, au nom de Jésus. Amen !

17. Je détruis tous les pouvoirs diaboliques qui manipulent mon mariage, au nom de Jésus. Amen !

18. Je sépare mon mari de la femme étrangère, au nom de Jésus. Amen ! (7x)

19. Je sème la confusion, les mésententes et les problèmes entre mon mari et la femme étrangère, au nom de jésus. Amen !

20. Que tous pouvoirs de la sorcellerie qui combattent mon mariage meurent par le feu, au nom de Jésus. Amen

21. Que tous sorciers qui œuvrent contre mon mariage tombent et meurent, au nom de Jésus. Amen !

22. Que toutes les malédictions qui poursuivent mon foyer soient brisées, au nom de Jésus. Amen !

23. Que toutes malédictions générationnelles qui affectent mon mariage soient brisées et détruites, au nom de Jésus. Amen !

24. Que tout objet diabolique utilisé contre mon mariage soit brûlé par le feu, au nom de Jésus. Amen !

25. Au nom de Jésus, je libère mon mari de toute captivité de l'ennemi, au nom de Jésus. Amen !

26. Je libère l'esprit de mon mari/femme de toute captivité mystique, au nom de Jésus. Amen !

27. Je libère mon mari/femme de toute prison des ténèbres, au nom de Jésus. Amen !

28. Que toutes mauvaises conseillères contre mon mariage soient paralysées, au nom de Jésus. Amen !

29.Père, que ton jugement se déverse sur toute femme étrangère qui a envoûté mon mari, au nom de Jésus. Amen !

30. Je brise le pouvoir de l'envoûtement et du charme sur mon mari, au nom de Jésus. Amen !

31. Que toute femme qui a charmé ou envoûté mon époux tombe et meurt pour sa méchanceté, au nom de Jésus. Amen !

32. Que toutes femmes étrangères qui utilisent un gilet pare-balles spirituel contre mes prières, soient détruites avec, au nom de Jésus. Amen !

33. Toi, flèche de la femme étrangère qui trouble mon foyer retourne à l'envoyeur, au nom de Jésus. Amen !

34. Que tout bastion de la femme étrangère, construit autour de ma vie conjugale s'effondre maintenant, au nom de Jésus. Amen !

35. Que toutes pratiques mystiques contre mon mariage par la femme étrangère soient anéanties, au nom de Jésus. Amen !

36. Que toutes femmes étrangères occupant mon foyer soient balayées par le feu, au nom de Jésus. Amen !

37. Que toute femme étrangère qui planifie de concevoir pour mon mari reçoit une fausse couche dans le ventre et une poitrine desséchée, au nom de Jésus. Amen ! (***Osée 9 :14 « Donne-leur, ô Éternel ! Que leur donneras-tu ? « Donne-leur un sein qui avorte et des mamelles desséchées !*** »)

38. Que toute jambe itinérante étrange dans mon foyer soit chassée par le feu, au nom de Jésus. Amen !

39. Que tout fétiche préparé contre mon mariage par la femme étrangère, soit neutralisé et consumé par le feu, au nom de Jésus. Amen !

40. Tout effet maléfique de l'encens brûlé contre mon mariage par une femme étrangère soit neutralisé et consumé par le feu, au nom de Jésus. Amen !

41. Toute femme étrangère qui allume une bougie à cause de mon mari fond et périt avec sa bougie, au nom de Jésus. Amen !

42. Que toute incantation faite contre mon mari et mon mariage par la femme étrangère soit détruite par le feu, au nom de jésus. Amen !

43. Toute femme étrangère qui fait couler le sang à cause de moi, de mon mariage et de mon mari soit exposée, et que l'effet des sacrifices de sang soit déclaré nul et sans effet, au nom de Jésus. Amen !

44. Que toute âme debout nue pour influencer négativement mon mariage et mon mari, reçoive la double déception, au nom de Jésus. Amen !

45. Que chaque incantation faite contre mon mariage, ma vie et mon mari soit nulle et sans effet, au nom de Jésus. Amen !

46. Que tout ce qui représente mon mari, ma vie et mon mariage dans le monde démoniaque soit consumé par le feu, au nom de Jésus. Amen !

47. Tout pouvoir qui chante des incantations sur une corne d'animal pour influencer négativement mon mari et mon mariage, tombe par le feu et meurt avec sa corne, au nom de Jésus. Amen !

48. Tout pouvoir qui met les jambes et les mains sur le mur à cause de mon mari tombe et meurt, au nom de Jésus. Amen !

49. Toute personne qui attache des charmes sur son corps pour influencer négativement mon mari/femme reçoit la double frustration, au nom de Jésus. Amen !

50. Toute âme qui lèche une concoction pour influencer négativement mon mari reçoive la double frustration, au nom de Jésus. Amen !

51. Tout matériel jeté à l'intérieur de l'eau par une femme étrangère dans le but d'influencer négativement mon mariage, soit rendu impuissant au nom de Jésus. Amen !

52. Tout matériel lié, cloué ou conservé dans un arbre contre mon mari, soit détruit par le feu, au nom de Jésus. Amen !

53. Toute incantation, toute prophétie maléfique prononcée et libérée dans l'air contre mon mariage, contre mon mari et moi, soit nul et sans effet, au nom de Jésus. Amen !

54. Tout matériel gardé à l'intérieur de la forêt ou tout autre lieu sous la terre contre mon mariage, contre la vie de mon mari soit localisé et détruit par le feu, au nom de Jésus. Amen !

55. Je barricade la vie de mon mari contre tout contrôle et toute influence d'une femme étrangère et des mauvais conseillers, au nom de Jésus. Amen !

56. Tout matériel gardé, attaché, cloué ou enterré n'importe où contre mon mari soit détruit par le feu, au nom de Jésus. Amen !

57. Je lie chaque ingérence indue dans mon mariage, au nom de Jésus. Amen !

58. Toute arme de séduction démoniaque préparée pour tirer vers mon mari soit nulle et sans effet, au nom de Jésus. Amen !

59. Seigneur, lève-toi et combat toute femme étrangère qui trouble mon mariage, au nom de Jésus. Amen !

60. Que tout système de contrôle à distance du mal façonné contre mon mariage soit détruit par le feu, au nom de Jésus. Amen !

61. Que toutes forteresses sataniques de toutes femmes étrangères construites autour de mon mariage soient renversées par le tonnerre de feu, au nom de Jésus. Amen !

62. Que tout esprit de conflits et d'agitation dans la vie de mon mari soit détruit, au nom de Jésus. Amen !

63.Que tous pouvoirs qui détournent l'attention de mon mari et l'empêchent de prendre soin de moi et de mes enfants périssent, au nom de Jésus. Amen !

64.Que tout pouvoir qui alimente à distance l'esprit de séparation dans mon mariage soit détruit, au nom de Jésus. Amen !

65.Seigneur, ne laisse aucune femme étrangère détruire le destin de mon partenaire, au nom de Jésus. Amen !

66.Seigneur, délivre mon mari des mains et des poignées de n'importe quelle femme étrangère, au nom de Jésus. Amen !

67.Je paralyse et je réduis à néant tout plan et projet de divorce préparé contre mon mariage, au nom de Jésus-Christ. Amen !

68.Que toutes les chaînes de la femme étrangère qui lient mon mariage soient consumées par le feu, au nom de Jésus. Amen !

69.Que toute femme étrangère se vantant contre ma vie dorme d'un sommeil éternel, au nom de Jésus. Amen !

70.Que toute femme étrangère sans visage qui attaque mon mariage reçoive les flèches de la mort, au nom de Jésus. Amen !

71.Je commande à tous les organes de reproduction de la femme étrangère qui suit mon mari d'être impuissants, au nom de Jésus. Amen !

72.Je perce le ventre de toute femme étrangère qui dort avec mon mari au nom de Jésus. Amen !

73.Que la peine et le désastre s'abattent sur toute femme étrangère qui dort avec mon mari au nom de Jésus. Amen !

74.Toi, femme étrangère qui poursuit mon mariage, je place une malédiction divine sur ton ventre ! Tu n'enfanteras pas pour mon mari jusqu'à ce que tu le quittes pour moi, au nom de Jésus. Amen !

75. Toi, femme étrangère qui poursuit mon mariage, je place la malédiction divine sur tes seins ! Tu n'auras pas d'enfant à allaiter jusqu'à ce que tu quittes mon partenaire, au nom de Jésus. Amen !

76. Toi, femme étrangère qui poursuit mon mariage, je place la malédiction divine sur tes seins ! Tu rencontreras les malheurs, les peines et souffrances jusqu'à ce que tu quittes mon partenaire, au nom de Jésus. Amen !

77. Toi, femme étrangère, ton dos ne portera pas d'enfant de mon mari, au nom de Jésus. Amen !

78. Toi, femme étrangère, tes mains ne porteront pas de bébé pour mon mari, au nom de Jésus. Amen !

79. Toi, femme étrangère, tu n'expérimenteras aucune grossesse pour mon mari, au nom de Jésus. Amen !

80. Je déclare devant le ciel et la terre à toute femme étrangère qui sort avec mon mari, qu'avoir des enfants de mon mari sera une abomination dans ta vie jusqu'à ce que tu laisses mon mari, au nom de Jésus. Amen !

81. Que les flèches de regret localisent toute femme étrangère qui court après mon mari, au nom de Jésus. Amen !

82. Que le chemin du pain quotidien soit fermé contre toute femme étrangère qui milite contre mon mariage, au nom de Jésus. Amen !

83. Que le chemin des finances soit fermé contre toute femme étrangère qui milite contre mon mariage, au nom de Jésus. Amen !

84. Je brise tout contrôle de la femme étrangère sur mon mari, au nom de Jésus. Amen !

85. Que toute situation indésirable dans mon mariage disparaisse par le feu, au nom de Jésus. Amen !

86. Que toutes flèches maléfiques actuellement tirées par les femmes étrangères retournent à l'expéditeur, au nom de Jésus. Amen !

87. Que tout instrument maléfique qui œuvre contre mon mariage soit brûlé par le feu, au nom de Jésus. Amen !

88. Que tout Autel maléfique qui œuvre contre mon mariage soit brûlé par le feu, au nom de Jésus. Amen !

89. Eternel, chasse tout enfant étranger qui trouble actuellement mon foyer, au nom de Jésus. Amen !

90. Tout agent de trouble assigné qui trouble ma maison, soit pourchassé par l'épée de Dieu, au nom de Jésus. Amen !

91. Seigneur, crée des problèmes que toi seul peut résoudre dans la vie de tous ceux qui haïssent mon foyer, au nom de Jésus. Amen !

92. Je ferme le robinet d'amour de mon mari contre toute femme étrangère qui œuvre contre mon mariage, au nom de Jésus. Amen !

93.O Père, fouette toute femme étrangère qui partage mon mari avec moi, au nom de Jésus. Amen !

94. Je sépare mon mari de………. (Nom de votre rival) au nom de jésus. Amen !

95. Feu de Dieu détruit toutes les armes de la femme étrangère qui travaille efficacement dans la vie de mon mari, au nom de Jésus. Amen !

96. Je convertis la victoire et la rage de toute femme étrangère dans mon mariage en défaite et en échec, au nom de Jésus. Amen !

97.J'arrache les clés des finances de mon mari des mains de toute femme étrangère, au nom de Jésus. Amen !

98. Je sème la haine entre mon mari et la femme étrangère, au nom de Jésus. Amen !

99. Que tout attaquant impénitent de ma vie conjugale meure pour mon rétablissement, au nom de Jésus. Amen !

100. Que tout attentat de l'ennemi contre mon mariage soit détruit par le feu, au nom de Jésus. Amen !

101. Que toute main étrangère qui ferme les portes de la faveur de mon mari contre moi soit paralysée, au nom de Jésus. Amen !

102. Que tout mensonge fabriqué contre moi retourne à l'envoyeur, au nom de Jésus. Amen !

103. Je déclare qu'aucune femme étrangère ne changera le destin de mon mariage, au nom de Jésus. Amen !

104. Que tous les progrès de la femme étrangère manifestés dans mon mariage soient paralysés, au nom de Jésus. Amen !

105. Je reprends tous mes droits conjugaux maintenant de la main de n'importe quelle femme étrangère par le feu, au nom de Jésus. Amen !

106. Toute balle spirituelle, toute flèche et attaque de toute femme étrangère contre ma vie retourne à expéditeur, au nom de Jésus. Amen !

107. Toute femme étrangère qui utilise les pouvoirs marins contre mon mariage, soit paralysée, au nom de Jésus. Amen !

108. Tout esprit familier qui soutient la femme étrangère contre moi périt sans pitié, au nom de Jésus. Amen !

109. Je serai spectateur de la fin de chaque femme étrangère qui milite contre mon mariage, au nom de Jésus. Amen !

110. Que toutes les stratégies et pouvoirs de la femme étrangère utilisés pour troubler mon mariage meurent par le feu, au nom de Jésus. Amen !

111. Tout tuyau de l'ennemi assigné contre mon mariage, soit brisé, au nom de Jésus. Amen !

112. J'arrache tous les biens que mon mari a offerts à la femme étrangère, au nom de Jésus. Amen

113. Seigneur, relâche un esprit de tourment sur la femme étrangère, au nom de Jésus. Amen

114. Toute malédiction héritée qui œuvre contre mon mariage, soit brisée au nom de Jésus. Amen !

115. Commencer à remercier le nom du Seigneur pour la prière exaucée.

Chapitre 4

PRIERE DE LIBERTÉ POUR BRISER LES MALEDICTIONS ET LE POUVOIR DES TENEBRES SUR VOTRE COUPLE

Il y a des problèmes conjugaux qui proviennent des malédictions familiales, des malédictions personnelles, des mauvais comportements et des péchés familiaux et générationnels. Il y a des personnes qui sont mariées, mais ne sont pas heureuses dans leurs couples parce que leur vie maritale avait été programmée au malheur, aux difficultés conjugales et autres par les forces des ténèbres et la méchanceté familiale. D'autres sont victimes des malédictions, des imprécations et des péchés générationnels. Il n'y a que la prière qui puisse vous aider à sortir de vos difficultés conjugales.

POINTS DE PRIERE

1. Que toutes malédictions générationnelles qui poursuivent ma vie conjugale soient brisées, au nom de Jésus. Amen !

2. Que toutes malédictions familiales qui poursuivent ma vie conjugale soient brisées, au nom de Jésus. Amen !

3. Que toutes malédictions personnelles qui poursuivent ma vie conjugale soient brisées, au nom de Jésus. Amen !

4. Que toutes malédictions prononcées sur ma vie conjugale soient brisées, au nom de Jésus. Amen !

5. Seigneur, ôte toutes malédictions sur ma vie conjugale, au nom de Jésus. Amen !

6. Que toute imprécation de l'ennemi contre ma vie conjugale soit réduite à néant, au nom de Jésus. Amen !

7. Je révoque tout décret satanique sur ma vie conjugale, au nom de Jésus. Amen !

8. Je déprogramme toutes programmations sataniques, mystiques et de sorcelleries contre ma vie conjugale, au nom de Jésus. Amen !

9. Que toute semence de malédiction dans ma fondation soit brûlée, au nom de Jésus. Amen !

10. Que tout autel de la sorcellerie qui parle contre mon mariage soit brûlé, au nom de Jésus. Amen !

11. Que tout œil mystique qui guette mon mariage soit percé, au nom de Jésus. Amen !

12. Seigneur, aveugle tout œil mystiques qui contrôlent mon mariage, au nom de Jésus. Amen !

13. Que tout esprit familial qui rôde autour de mon mariage soit foudroyé, au nom de Jésus. Amen !

14. Je réduis à néant toute arme forgée contre mon mariage, au nom de Jésus. Amen !

15. Que tous pouvoirs de la sorcellerie qui attaquent ma vie conjugale soient détruits par le feu, au nom de Jésus. Amen !

16. Que tous pouvoirs sataniques qui attaquent ma vie conjugale soient détruits par le feu, au nom de Jésus. Amen !

17. Je détruis tous les œuvres des ténèbres contre mon foyer, au nom de Jésus. Amen !

18. Que toutes mains maléfiques qui agissent sur mon mariage, soient paralysées, au nom de Jésus. Amen !

19. Que tous sorciers qui œuvrent en secret contre mon mariage tombent et meurent, au nom de Jésus. Amen !

20. Que toute alliance satanique qui a été faite contre mon mariage, soit brisée, au nom de Jésus. Amen

21. J'anéantis toutes pratiques mystiques contre mon mariage, au nom de Jésus. Amen !

22. Que tous pouvoirs dans les airs qui travaillent contre mon mariage, soient détruits par le feu, au nom de Jésus. Amen

Chapitre 5

PRIÈRE POUR SÉCURISER VOTRE MARIAGE

Jésus-Christ est le vrai blindage et la sécurité par excellence adaptée pour votre couple. Les fétiches des marabouts et des charlatans ne peuvent sécuriser votre mariage ni ce que vous avez. Je vous invite à goûter la sécurité de Jésus-Christ par les prières ci-dessous.

POINTS DE PRIERE

1. Seigneur, je te consacre mon mariage, au nom de Jésus. Amen !

2. Seigneur, protège mon mari/femme, au nom de Jésus. Amen !

3. Seigneur, protège mon mariage contre le mauvais œil et les attaques de l'ennemi, au nom de Jésus. Amen !

4. Seigneur, protège mon mariage contre les jaloux, au nom de Jésus. Amen !

5. Seigneur, protège l'amour de mon mari/femme à mon endroit, au nom de Jésus. Amen !

6. Seigneur, blinde mon mariage dans le sang de l'agneau, au nom de Jésus. Amen !

7. Seigneur, chasse toute femme étrangère autour de mon épouse/époux, au nom de Jésus. Amen !

8. Seigneur, protège mon époux/épouse contre les envoûtements, au nom de Jésus. Amen !

9. Seigneur, protège mon époux/épouse contre les charmes, au nom de Jésus. Amen !

10. Je bâtis une haie de protection autour de mon mariage, au nom de Jésus. Amen !

11. Je déprogramme toute programmation de l'ennemi contre mon mariage, au nom de Jésus. Amen !

12. Je bâtis une haie de protection autour de mon époux/épouse contre les convoiteurs, au nom de Jésus. Amen !

13. Seigneur, protège notre union, au nom de Jésus. Amen !

14. Seigneur, frappe toute personne qui planifie le mal contre mon mariage, au nom de Jésus. Amen !

15. Seigneur, disperse les ennemis de mon mariage, au nom de Jésus. Amen !

16. Seigneur, maintient l'harmonie entre mon époux /épouse et moi, au nom de Jésus. Amen !

17. Seigneur, protège nos enfants, au nom de Jésus. Amen !

18. Seigneur, maintient la paix et la tranquillité dans notre couple, au nom de Jésus. Amen !

19. Seigneur, anéantit tous les plans de l'ennemi contre mon mariage au nom de Jésus. Amen !

20. Seigneur, frustre et paralyse tous les projets de l'ennemi formés contre mon mariage, au nom de Jésus. Amen !

21. J'invoque Jésus-Christ au milieu de notre union, au nom de Jésus. Amen !

22. Que toute personne qui cherchera à me séparer de mon époux/épouse tombe et meure, au nom de Jésus. Amen !

23. Seigneur, paralyse toutes pensées négatives contre mon mariage, au nom de Jésus. Amen !

24. Seigneur, perce tout œil mystique qui contrôle mon mariage, au nom de Jésus Amen !

25. Seigneur, aveugle tous les mauvais yeux qui guettent mon mariage, au nom de Jésus. Amen !

26. Seigneur, rend mon époux laid aux yeux des femmes, au nom de jésus. Amen !

27. Seigneur, rend mon épouse laide aux yeux des hommes, au nom de Jésus. Amen !

28. Seigneur, que ton jugement s'abatte sur toute personne qui cherchera à nuire mon mariage, au nom de Jésus. Amen !

29. Merci, seigneur, pour ta protection divine étendu sur mon mariage, au nom de Jésus. Amen !

30. Seigneur, je te consacre mon mariage au nom de Jésus. Amen !

31. Seigneur, protège mon mari/femme, au nom de Jésus. Amen !

32. Seigneur, protège mon mariage contre le mauvais œil et les attaques de l'ennemi, au nom de Jésus. Amen !

33. Seigneur, protège mon mariage contre les jaloux, au nom de Jésus. Amen !

34. Seigneur, protège l'amour de mon mari/femme à mon endroit, au nom de Jésus. Amen !

35. Seigneur, blinde mon mariage dans le sang de l'agneau, au nom de Jésus. Amen !

36. Seigneur, chasse toutes femmes étrangères autour de mon épouse/époux, au nom de Jésus. Amen !

37. Seigneur, protège mon époux/épouse contre les envoûtements, au nom de Jésus. Amen !

38. Seigneur, protège mon époux/épouse contre les charmes, au nom de Jésus. Amen !

39. Je bâtis une haie de protection autour de mon mariage, au nom de Jésus. Amen !

40. Je bâtis une haie de protection autour de mon époux/épouse contre les convoiteurs, au nom de Jésus. Amen !

41. Seigneur, protège notre union, au nom de Jésus. Amen !

42. Seigneur, frappe toutes personnes qui planifient le mal contre mon mariage, au nom de Jésus. Amen !

43. Seigneur, disperse les ennemis de mon mariage, au nom de Jésus. Amen !

44. Seigneur, maintient l'harmonie entre mon époux /épouse et moi, au nom de Jésus. Amen !

45. Seigneur, protège nos enfants, au nom de Jésus. Amen !

46. Seigneur, maintient la paix et la tranquillité dans notre couple, au nom de Jésus. Amen !

47. Je lie mon mari/femme et je l'attache, au nom de Jésus. Amen ! (10 x) attache

48. Seigneur, anéantit tous les plans de l'ennemi contre mon mariage, au nom de Jésus. Amen !

49. Seigneur, frustre et paralyse tous les projets de l'ennemi formés contre mon mariage, au nom de Jésus. Amen !

50. Que toutes armes forgées contre mon mariage soient nulles et sans effets, au nom de Jésus. Amen !

51. Que toute personne qui cherchera à séparer mon mariage soit paralysée, au nom de Jésus. Amen !

Chapitre 6

PRIÈRE POUR RESTAURER L'AMOUR DANS VOTRE MARIAGE

POINTS DE PRIERE

1. Seigneur, renouvelle l'amour de mon mari pour moi, au nom de Jésus. Amen !

2. Seigneur, renouvelle l'amour de ma femme pour moi, au nom de Jésus

3. Seigneur, restaure l'amour dans notre couple, au nom de Jésus. Amen !

4. Seigneur, restaure tout ce que l'ennemi a détruit dans notre couple, au nom de Jésus. Amen !

5. Seigneur, restaure tout ce que mon caractère a détruit dans mon couple, au nom de Jésus. Amen !

6. Seigneur, restaure tout ce que mon comportement a détruit dans mon couple, au nom de Jésus. Amen !

7. Seigneur, restaure les bonnes habitudes de mon mari vis-à-vis de moi, au nom de Jésus. Amen !

8. Seigneur, restaure les bonnes habitudes de ma femme vis-à-vis de moi, au nom de Jésus. Amen !

9. Seigneur, restaure l'harmonie dans notre couple, au nom de Jésus. Amen !

10. Seigneur, restaure-nous tout ce que l'ennemi nous a volés, au nom de Jésus. Amen !

11. Seigneur, restaure l'entente entre mon conjoint(e) et moi, au nom de Jésus. Amen !

12. Seigneur, restaure le dialogue dans notre couple, au nom de Jésus. Amen !

13. Seigneur, restaure le pardon dans notre couple, au nom de Jésus. Amen !

14. Seigneur, restaure la compréhension entre mon partenaire et moi, au nom de Jésus. Amen !

15. Seigneur, restaure l'intimité dans notre couple, au nom de Jésus. Amen !

16. Seigneur, restaure le partage entre mon partenaire et moi, au nom de Jésus. Amen !

17. Seigneur, restaure la joie dans notre couple, au nom de Jésus. Amen !

18. Seigneur, restaure la paix dans notre couple, au nom de Jésus. Amen !

19. Seigneur, restaure la tranquillité dans notre couple, au nom de Jésus. Amen !

20. Seigneur, restaure la fidélité dans notre couple, au nom de Jésus. Amen !

21. Seigneur, restaure l'ouverture d'esprit dans notre couple, au nom de Jésus. Amen !

22. Seigneur, restaure la vie dans notre couple, au nom de Jésus. Amen !

23. Seigneur, restaure la vérité dans notre couple, au nom de Jésus. Amen !

24. Seigneur, restaure l'honnêteté dans notre couple, au nom de Jésus. Amen !

25. Seigneur, restaure notre santé conjugale, au nom de Jésus. Amen !

26. Seigneur, restaure notre santé physique, au nom de Jésus. Amen !

27. Seigneur, restaure notre santé mentale, au nom de Jésus. Amen !

28. Seigneur, restaure nos beaux moments, au nom de Jésus. Amen !

29. Seigneur, restaure l'amitié entre mon partenaire et moi, au nom de Jésus. Amen !

30. Seigneur, change le mauvais caractère de mon mari, au nom de Jésus. Amen !

31. Seigneur, change le mauvais caractère de ma femme, au nom de Jésus. Amen !

32. Seigneur, guérit mon cœur, au nom de Jésus. Amen !

33. Seigneur, guérit le cœur de mon mari, au nom de Jésus. Amen !

34. Seigneur, guérit le cœur de ma femme, au nom de Jésus. Amen !

35. Seigneur, restaure notre couple, au nom de Jésus. Amen !

36. Seigneur, restaure le désir sexuel dans notre couple, au nom de Jésus. Amen !

37. Seigneur, restaure l'attirance dans notre couple, au nom de Jésus. Amen !

38. Seigneur, restaure le coup de foudre dans notre couple, au nom de Jésus. Amen !

39. Seigneur, merci pour la restauration de mon couple et scelle ça dans le sang de Jésus, au nom de Jésus. Amen !

PRIÈRES
POUR LES PERSONNES FIANCÉES

Chapitre 7

PRIÈRE POUR SÉCURISER VOS FIANÇAILLES CONTRE LE MAUVAIS ŒIL, LA JALOUSIE ET LES FORCES DU MAL

Vous devez tout d'abord rendre grâce à Dieu pour l'amour et de la rencontre du prince ou de la princesse charmante avant de passer à la prière de sécurité. Vous devez prier pour protéger ce que vous avez contre la jalousie humaine, le mauvais œil et les forces du mal.

Nous vivons dans un monde où l'être humain a du mal à voir son semblable heureux. Pour cette triste réalité, vous devez empocher les prières de sécurité destructives du mal pour sécuriser vos fiançailles jusqu'au mariage.

ACTIONS DE GRÂCE À DIEU

1. Seigneur, merci pour ma fiancée / mon fiancé, au nom de Jésus. Amen !

2. Seigneur, merci de m'avoir créé de sexe féminin/masculin, au nom de Jésus. Amen !

3. Seigneur, merci de m'avoir béni avec le vrai l'amour, au nom de Jésus. Amen !

4. Seigneur, merci pour l'amour réciproque qui existe entre mon fiancé et moi, au nom de Jésus. Amen !

5. Seigneur, merci pour l'amour réciproque qui existe entre ma fiancée et moi, au nom de Jésus. Amen !

6. Seigneur, merci de m'avoir donné le désir de mon cœur, au nom de Jésus. Amen !

7. Seigneur, merci de m'avoir béni avec une belle créature, au nom de Jésus. Amen !

8. Seigneur, merci de m'avoir donné une femme/homme qui me convient, au nom de Jésus. Amen !

9. Seigneur, merci de m'avoir exaucé, au nom de Jésus. Amen !

PRIÈRE POUR LA SECURITE DE VOS FIANÇAILLES

1. Seigneur, accorde à ma fiancée/fiancé de marcher dans tes voies, au nom de Jésus. Amen !

2. Seigneur, protège ma relation avec mon fiancé/ma fiancée, au nom de Jésus. Amen !

3. Seigneur, protège l'amour de mon fiancé/ma fiancée pour moi, au nom de Jésus. Amen !

4. Seigneur, protège l'amour que j'éprouve pour mon fiancé/ma fiancé, au nom de Jésus. Amen !

5. Seigneur, protège mes fiançailles contre les jaloux, au nom de Jésus. Amen !

6. Seigneur, protège mes fiançailles contre la jalousie familiale et amicale, au nom de Jésus. Amen !

7. Seigneur, protège mes fiançailles contre le mauvais œil, au nom de Jésus. Amen !

8. Seigneur, protège mes fiançailles contre les mauvaises amies, au nom de Jésus. Amen !

9. Seigneur, protège mon fiancé / fiancée contre les envoûtements et les charmes, au nom de Jésus. Amen !

10. Seigneur, protège mon fiancé contre la mort et les attaques de l'ennemi, au nom de Jésus. Amen !

11. Seigneur, protège mon fiancé contre la mort et les attaques de l'ennemi, au nom de Jésus. Amen !

12. Seigneur, chasse tous hommes qui rôdent autour de ma fiancée, au nom de Jésus. Amen !

13. Seigneur, chasse toutes femmes qui rôdent autour de mon fiancé, au nom de Jésus. Amen !

14. Seigneur, sépare mon fiancé/ ma fiancée de toutes relations toxiques, au nom de Jésus. Amen !

15. Seigneur, sépare mon fiancé de toutes relations sexuelles, au nom de Jésus. Amen !

16. Seigneur, sépare ma fiancée de toutes relations sexuelles, au nom de Jésus. Amen !

17. Je détruis et saccage toutes pratiques mystiques contre mes fiançailles, au nom de Jésus. Amen !

18. Seigneur, frustre tous les méchants plans de l'ennemi contre mes fiançailles, au nom de Jésus. Amen !

19. Seigneur, anéantit tous les méchants projets de l'ennemi contre mes fiançailles, au nom de Jésus. Amen !

20. Je déprogramme toutes les programmations de l'ennemi contre mes fiançailles, au nom de Jésus. Amen !

21. Je détruis toutes les œuvres de l'ennemi contre mes fiançailles, au nom de Jésus. Amen !

22. Je détruis tous pouvoirs qui œuvrent contre mes fiançailles, au nom de Jésus. Amen !

23. J'anéantis et détruis toutes les activités de la jalousie contre mes fiançailles, au nom de Jésus. Amen !

24. Je réduis à néant toutes armes forgées contre mes fiançailles, au nom de Jésus. Amen !

25. Je brise toutes formes de blocage dans mes fiançailles, au nom de Jésus. Amen !

26. Je cache mes fiançailles dans le sang de Jésus, au nom de Jésus. Amen !

27. Je bâtis une haie autour de mes fiançailles, au nom de Jésus. Amen !

28. Je scelle mes fiançailles dans le sang de Jésus, au nom de Jésus. Amen !

29. Que tout mauvais œil qui guette mes fiançailles soit percé, au nom de Jésus. Amen !

30. Que tout mauvais œil qui contrôle mes fiançailles pour semer la confusion soit percé, au nom de Jésus. Amen !

31. Que toute association de l'ennemi réunie contre mes fiançailles, soit dispersée par le feu, au nom de Jésus. Amen !

32. Je détruis toutes mauvaises paroles prononcées contre mes fiançailles, au nom de Jésus. Amen !

33. Je détruis toute incarnation et imprécation de l'ennemi contre mes fiançailles, au nom de Jésus. Amen !

34.J'attache mon fiancé dans le sang de Jésus, au nom de Jésus. Amen !

35.J'attache ma fiancée dans le sang de Jésus, au nom de Jésus. Amen !

36. Seigneur, rends ma fiancée laide aux yeux des hommes, au nom

37. Seigneur, rends mon fiancé laid aux yeux des femmes, au nom de Jésus. Amen !

38. Je détruis toutes manipulations familiales contre mes fiançailles, au nom de Jésus. Amen !

39. Je détruis toutes pratiques mystiques et incantations contre mes fiançailles, au nom de Jésus. Amen !

40. Je réduis à néant tous les combats contre mes fiançailles, au nom de Jésus. Amen !

Chapitre 8

CONSEILS POUR SE RELEVER D'UNE DÉCEPTION AMOUREUSE

La déception et la trahison sont des éléments très douloureux en amour. L'amour fait mal et blesse profondément l'âme et le cœur, quand il n'est plus réciproque. Il s'agit d'une déception amoureuse.

Nous avons tous vécu cette sensation qui nous fait penser qu'elle ne va jamais passer. Ci-dessous, je vais vous apprendre comment faire pour se relever d'une déception amoureuse.

Question

Te sens-tu complètement déçu ?

N'es-tu plus heureuse avec lui ou elle et te pose des questions ?

Tu te demandes où est cette personne dont tu es tombée amoureuse ?

Tu te demandes pourquoi il ou elle se comporte ainsi avec toi ?

Arrête de te poser des questions et découvre comment faire pour surmonter une déception amoureuse ? La vie, c'est devant et commence à te lever pour avancer.

1. **Acceptez la situation et prenez courage.** Dans la vie, il y a des milliers de situations face à laquelle nous n'avons pas d'autres choix que de les accepter et de se dire que la vie est ainsi. Il y a des situations qu'on ne peut changer. Quand vous commencez à accepter ce qui vous arrive, vous arrêtez de lutter contre cette chose.

2. **Laissez partir cette personne et n'insistez pas :** ne vous entêtez pas à récupérer quelque chose qui ne peut être récupéré. Si cette personne ne veut plus être avec vous, laissez-la partir.

tranquillement, car vous risquez de tomber dans des illusions qui pourraient vous conduire à une dépression.

3. **Prenez votre temps** : ne désespérez pas, passez à autre chose et concentrez-vous sur vos objectifs et vos rêves. Vous avez beaucoup à accomplir, ne laissez pas cette situation gâcher votre vie.

4. **Pleurez quand vous pouvez :** en pleurant, vous déchargerez toute la tristesse que vous avez à l'intérieur. Les larmes sont un formidable remède pour nettoyer l'âme. Vous vous sentirez beaucoup plus tranquille et détendu si vous décidez de laisser dans ses larmes toute la douleur de toujours. Mais sachez aussi que vous n'allez pas pleurer toute votre vie. Les pleurs ont une limite.

5. **Faites des activités qui vous enrichissent :** il est très important d'avoir l'esprit occupé. Faites des activités qui procurent du bonheur comme lire, écrire, peindre, faire du sport, se balader, écouter la musique, nager, jouer, voyager, etc.

6. **Essayez de ne plus penser à cette personne** : faites l'effort de l'oublier et dites-vous qu'il ne vous méritait pas. Vous valez bien. Ce n'est pas souvent très facile, mais dites Stop ! Car le meilleur est à venir.

7. **Écoutez de la musique :** la musique détend et remonte le moral rapidement et est une fameuse hormone du bonheur. Quand vous avez un coup de déprime, mettez de la musique et dansez !

8. **Réfléchissez positivement et pardonnez :** faites que la douleur vous serve d'apprentissage, car c'est en vivant que l'on apprend à vivre. Prenez cette situation comme une expérience de plus dans votre vie. Elle vous forgera, pardonnez-vous et pardonnez si vous vous êtes fait du mal, car la douleur ne sert à rien, seulement à vous blesser vous-même.

9. **Appuyez-vous sur les personnes qui vous aiment :** Dans ces moments, il est bon de vous entourer de personnes qui vous aiment vraiment. Un câlin, des rires et une conversation peuvent énormément vous soulager.

10. **Intéressez-vous aux vidéos de comédie :** La comédie fait rire et détend l'âme. Quand tu ris constamment, le stress et la douleur s'en vont rapidement.

11. **Pensez positif :** commencez à penser à vos rêves, vos projets, vos passions et dites-vous que cette situation était juste un frein à ton avancement. Prenez votre vie en main et repartez sur des bonnes bases. Donnez la priorité à votre vie.

12. **Recommencez à zéro :** Une fois la page tournée, la vie continue. Sachez qu'il y a des milliers de choses merveilleuses à vivre. Apprêtez-vous pour de belles rencontres et de belles opportunités.

13. **Coupez les ponts avec cette personne** : Ne lisez plus ses mails, messages etc et effacez toutes ses photos, car parfois, nous avons besoin de faire table rase pour oublier. Peut-être que dans le futur, vous pourrez être amis, mais pour l'instant, si vous voulez oublier, ôtez-vous tous ces souvenirs de la tête.

14. **Aidez-vous de l'écriture et du dialogue :** Souvent, le fait d'écrire nos sentiments ou de rencontrer notre expérience est de bonnes manières de nous décharger.

15. **Prenez soin de votre santé plus que jamais :** Quand nous sommes tristes, notre système immunitaire est faible. Libérez votre psychique et votre cœur et pensez aux choses qui procurent du bonheur.

16. **Suivez un bon régime alimentaire :** buvez beaucoup d'eau et offrez-vous quelques gourmandises comme un chocolat ou un bonbon et des boissons énergétiques.

17. **Soyez confiante** : si votre ami(e) ou conjoint vous a quitté pour une autre personne, ne vous comparez jamais à elle. Dites-vous tout simplement que vous êtes la meilleure et qu'il ou elle ne vous méritait pas.

18. **Lisez un article** : un livre qui puisse vous aider. Si vous vivez une telle situation, nous aimerions pouvoir vous aider avec ce petit article, en vous donnant toute la force et le courage du monde !

19. **Dites-vous que vous avez une mission terrestre à accomplir.** Posez-vous d'abord la question de savoir pourquoi êtes-vous sur Terre ? Sachez que vous n'êtes pas venu sur terre pour souffrir du chagrin, mais pour accomplir une mission impactante. Cherchez donc à la connaître pour vous concentrer dessus.

"Dieu ferme une porte et ouvre une autre"

Ces conseils éducatifs sont issus des expériences vécues.

Armez-vous toujours de la prière pour tirer sur les destructeurs de couple, les activités de la jalousie et les forces maléfiques qui attaquent ou combattent votre mariage et vos périodes de fiançailles. Nous vivons dans un monde de méchanceté, de jalousie et d'hypocrisie. Réveillez-Vous !

Bénédictions à vous !
Laurice Elok

CONCLUSION

La prière est très importante dans un couple. Un couple qui ne prie pas, est exposé à toutes formes d'attaques maléfiques et aux tentations. Plusieurs personnes sont mariées, mais n'en jouissent pas pleinement de leur mariage à cause du mal. Vous devez veiller dans la prière pour sécuriser votre union ainsi que vos fiançailles. Le monde dans lequel nous vivons est constitué de personnes méchantes qui n'aiment pas voir les autres heureux et en paix dans leurs couples. Ne soyez pas oisifs, ce monde n'a pas de garantie. Il faut toujours veiller dans la prière et utiliser la prière comme une arme pour tirer sur les situations difficiles et les problèmes compliqués dans votre foyer.

TEMOIGNAGE D'UN UTILISATEUR DU LIVRE SOLUTION AVANT SA PUBLICATION

Je me prénomme Mme Évelyne, ça faisait des années que mon mari m'avait quittée pour une autre femme. J'ai commencé à marcher chez les féticheurs pour me le ramener, mais sans succès. Très frustré par cette situation, j'ai décidé de me confier à une amie et cette amie m'a parlé de ce puissant guide de prière et m'en a offert une copie. Quand j'ai commencé à utiliser ce livre accompagné d'un petit jeûne de cinq jours juste après avoir confessé mes péchés et invité Jésus dans mon cœur, j'ai vu un grand miracle. Mon mari, qui m'avait délaissé, est revenu à la maison en courant, pour me supplier de lui pardonner. Et à ma grande surprise, il m'a offert une voiture pour notre réconciliation. Je suis dans la joie d'avoir retrouvé mon mari et pour mon mariage qui a été restauré. Je remercie le Seigneur pour ce miracle et pour ce guide de prière qui m'a aidé. J'ai donné ma vie à Jésus et j'ai constaté que Jésus est plus fort que les fétiches. Que Dieu bénisse l'Oracle Laurice Elok pour cette belle œuvre. Je vous le conseille.

Gloire à Dieu!

PRISE DE CONTACT

Oracle LAURICE ELOK
Écrivaine Chrétienne, Auteure, Guide Spirituelle
Et Fondatrice

DE
REVEILLEZ-VOUS

MINISTERE DE PRIERE
ET DE LITTERATURE CHRETIENNE

POUR
LE RÉVEIL SPIRITUEL
DANS LE MONDE, LA DÉLIVRANCE ET
LA RESTAURATION
DES VIES

Contact

+237 678738942/ 655451966
Numéro WhatsApp: +237 678738942
Email:lauriceelok@gmail.com

CAMEROUN

Réseaux Sociaux
Tweeter :lllaurice | **LinkedIn** : Laurice Elok
Facebook :Laurice Elok

CÉLÉBREZ DIEU POUR LA VICTOIRE ET L'EXAUCEMENT DE VOS PRIÈRES

Célébrez Dieu pour l'exaucement de vos prières et pour la victoire qu'il vous a donnée. Il vous a pardonné, écouté, et a exaucé vos prières pendant ce programme de prière. Pouvez-vous réellement payer Dieu pour ce qu'il a fait dans votre vie à travers ce programme ? Non !

POUR LUI TÉMOIGNER VOTRE GRATITUDE,

- Vous pouvez le remercier par la prière.
- Vous pouvez le louer et l'adorer par des cantiques et des chansons gospel.
- Vous pouvez témoigner de ses bienfaits dans votre vie avec d'autres personnes.
- Vous pouvez lui donner une offrande d'action de grâce par le Ministère Réveillez-vous qu'il a utilisé pour vous aider spirituellement.
- Vous pouvez faire un don pour soutenir son œuvre " **Réveillez-Vous** "
- Si Dieu vous met à cœur de semer dans ce ministère de délivrance. Contactez-nous par téléphone au +237 678738942/ 655451966 ou lauriceelok@gmail.com

MIX
Papier aus verantwortungsvollen Quellen
Paper from responsible sources
FSC® C105338

Printed by Books on Demand GmbH, Norderstedt / Germany